Das 7. Kind

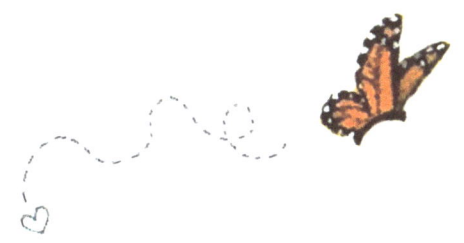

Eine Geschichte von Brenda Jenkyns
Illustriert von Siren

Brenda Jenkyns: www.michaeljacksoneverafter.com
Siren: www.mjartbysiren.com

ISBN-13: 978-1539350309
ISBN-10: 1539350304

besonderen Dank an:
Carol Hodges
Wayne Van Tighem
Alexis Schlemm

ins Deutsche übersetzt von Andrea Schneider

Für Michael, unseren Meister

with L.O.V.E; BJ & Siren

Es gab einmal ein magisches Land. Näher, als Du es Dir jemals vorgestellt hast. Winde tanzten zwischen den Flüssen, Bergen, Wolken und Landschaften, einen Teppich aus Schönheit webend. Leuchtende Blüten und üppiges Blattwerk verwandelten die hügelige Landschaft in ein Meisterwerk aus Farben. Die Melodien der Vögel, das Summen der Libellen und Bienen, das Geräusch von Wasser, das gegen Steine prallt und in Wasserfälle fließt, vereinten sich zu einem Rhythmus, der Musik des Lebens. Das ganze Land war erfüllt von Magie.

Die Bewohner des Landes lebten in Harmonie, mit der Natur vereint. Eine heilige Verbindung existierte zwischen den Menschen und der gesamten Schöpfung. Gehalten zu werden von diesen geliebten Armen war ihre größte Freude. Die Leute zeigten ihre tiefe Liebe und Dankbarkeit für alles, was sie bekamen, indem sie immer ihr Bestes gaben. Während die geheimnisvolle Kraft der Schöpfung durch sie floss, hörten sie auf den Ruf ihrer Herzen und gaben ihre Talente weiter. Einige wurden Künstler, Maler, Bildhauer, Schriftsteller, Dichter, Tänzer oder Musiker. Andere waren Wissenschaftler, Erfinder, Denker oder Philosophen. Wieder andere wurden lieber Krankenpfleger, Baumeister, Gärtner oder Lehrer. Sie alle liebten ihre Arbeit und waren immer darauf bedacht, ihr Wissen zu vergrößern und neue Ideen und Möglichkeiten zu finden. Ihr Leben war ein Abenteuer der Entdeckungen. Jedes Hindernis, mit dem sie konfrontiert wurden, betrachteten sie als Chance, durch die sie ihre Seelen in jedem Moment durch die Wahl von Liebe und Mitgefühl erweitern konnten. Je mehr sie von sich selbst gaben, desto mehr füllte sich ihr Herz mit Freude.

Alle Formen des Lebens wurden als kostbarer und einzigartiger Teil des Großen Ganzen anerkannt. Tiere und Pflanzen wurden mit Ehrfurcht und Respekt behandelt. Indem sie die Natur pflegten und sich um sie kümmerten, so wie die Natur es für sie tat, stellten sie sicher, dass es im ganzen Land an nichts fehlte. Alles war eine Einheit der Freude.

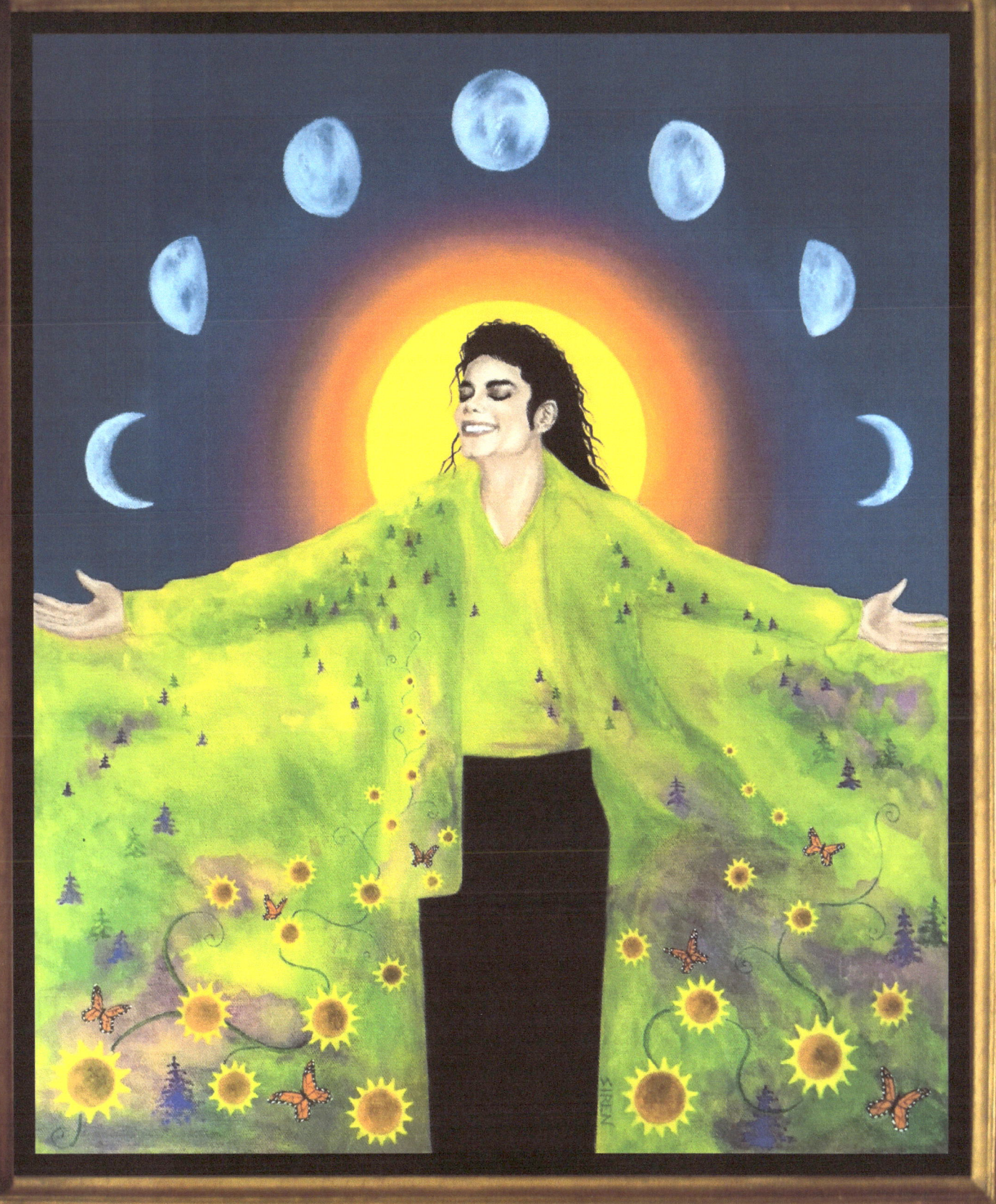

Funke der Schöpfung

Im Schleier dieser unverdorbenen Schönheit ruhte eine Frau im Schatten eines uralten Mangobaums. Sie hörte weder das Rascheln der Blätter im Wind, noch sah sie die Schmetterlinge zwischen den Blumen ihre Kreise ziehen. In wirre Gedanken versunken war sie blind für die Perfektion und Harmonie, die sie umgab. Obwohl sie in einen Land von extremer Schönheit und Fülle lebe, fühlte sie in ihrem Inneren keine Freude oder Verbindung mit der Schöpfung. Andere schienen ein Geheimnis zu kennen, von dem sie nichts wusste. Sie war nicht dazu bereit, ihre Zeit oder Energie in das Suchen ihrer verborgenen Talente zu setzen oder sich mit anderen auszutauschen. Sie fühlte sich als Außenseiter.

„Was, wenn …" Ein Gedanke schoss ihr in den Kopf. „Was wäre, wenn dieser Baum MEINER wäre?" Die Frau schaute sich schnell um, wunderte sich, woher dieser Gedanke wohl kam. Alles was sie sah war der Baum, Schmetterlinge und eine Schlange, die friedlich im Schatten der Äste ruhte.
„Das ist unmöglich", dachte die Frau, „nichts kann aus der Einheit des Großen Ganzen genommen werden."
„Aber was, wenn es doch möglich wäre?" flüsterte eine Stimme in ihr. „Was, wenn …" Die Frau schaute zu den reifen Mangos im Baum. Was, wenn es möglich WÄRE? Was, wenn sie sich lösen KÖNNTE aus dem Großen Ganzen und jemand einzigartiges werden würde? Wenn sie diesen Baum besitzen würde, müsste sie sich nicht länger als Außenseiter fühlen. Je länger sie darüber nachdachte, desto mehr erschien es ihr, als sei der Baum bereits ihrer.

Genau in diesem Moment kam ein Kind vorbei, es jagte den Schmetterlingen hinterher und blieb vor dem Baum stehen, um von einem niedrigen Ast eine Mango zu pflücken. Die Frau zögerte einen Moment, sprang dann auf und rief: „Stopp. Du kannst das nicht haben, das ist MEIN Mangobaum." Das Kind erschrak. Wie konnte das sein? War es möglich, dass jemand einen Baum BESITZT? Das Kind ließ die Frucht fallen und rannte los, um anderen zu erzählen, was passiert war. Schnell verbreitete sich die Geschichte über das ganze Land. Konnte das wahr sein? Was würde das bedeuten? Jeder, der von diesem seltsamen Ereignis hörte, hielt inne mit dem was er tat und fragte sich, was wohl als Nächstes passieren würde. Die meisten Leute lehnten die unmögliche Idee ab, Natur zu besitzen, aber einige andere entschieden, sie sollten sich beeilen und erklären, was sie für sich beanspruchen wollten, bevor es andere täten.

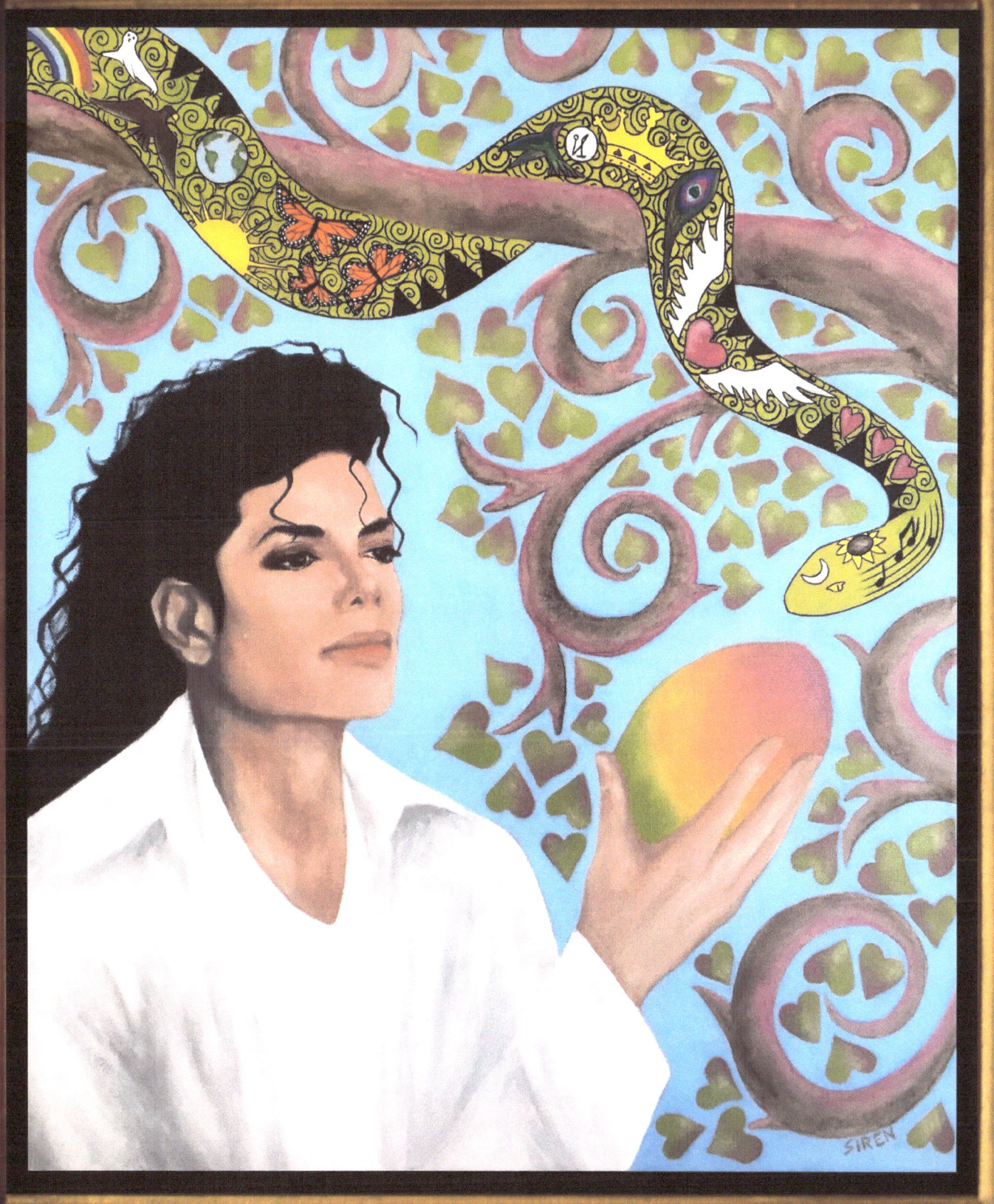

kein Gift, kein Zischen

Das war der Beginn einer anderen Zeit in dem Land. Der Gedanke an Trennung veränderte allmählich die Denkweise und die Herzen der Menschen. Früher wurde alles von allen geteilt. Jetzt war das Volk damit beschäftigt zu erklären, was ihnen gehörte, dieses zu behalten und zu versuchen noch mehr von dem zu bekommen, was sie wollten. Der Überfluss, der für so lange Zeit der ihre gewesen war, schien abhandengekommen zu sein. Jetzt erschien es ihnen als sei nicht mehr genug von allem da.

Die Verschiedenartigkeit, die ihr Leben einst bereichert hatte, wurde nun zur Ursache von Trennung. Die Menschen begannen Unterschiede zwischen sich selbst und den anderen zu bemerken. Sie teilten sich in viele verschiedene Gruppen auf. Die Gruppen konkurrierten untereinander und jede versuchte, die Kontrolle über das Wasser, die Bäume, die Pflanzen, die Tiere und das Land zu bekommen. Dieser unnatürliche Zustand zerstörte die perfekte Balance und Harmonie, wie sie die Natur einst für sie bereitgestellt hatte. Die Menschen kümmerten sich nicht mehr um die Dinge, die sie einst so liebten. Sie vergaßen auch, wie wichtig ihnen die Freude daran war. Ihre ganze Energie wurde nur noch dazu gebraucht, sich selbst und ihren Besitz zu schützen. Sie kämpften. Das ganze Land litt.

Einige zogen Nutzen aus diesen Veränderungen und forderten einen Ort der Macht und Kontrolle. Diese Leute, die man die Mächtigen nannte, entschieden darüber, wer zu ihrer Gruppe gehören sollte. Die Menschen vergaßen die Einheit, die einst ihre Grundlage war. Über viele, viele Generationen hinweg hörten die Menschen in dem Land auf, die Magie wertzuschätzen. Sie konnten die Schönheit, die sie umgab, nicht mehr sehen, obwohl sie noch immer da war, genau so, wie sie es immer gewesen war.

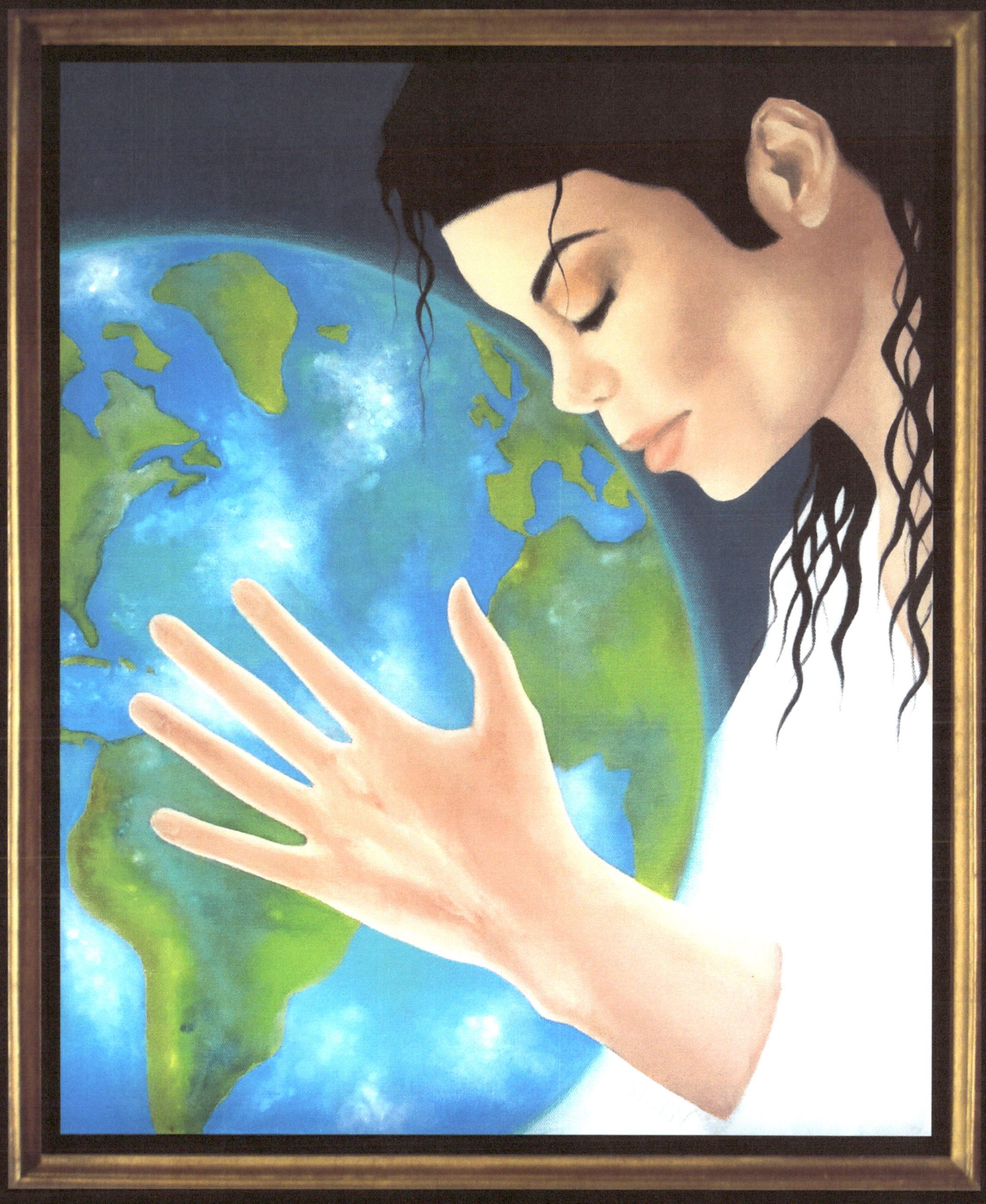

Erlesenes Strahlen

Die Kinder in dem Land waren voller Freude und Unschuld, wenn sie geboren wurden. Das kam, weil sie noch Teil des Großen Ganzen waren. Sie waren sich der Wunder, die sie umgaben, bewusst und vertrauten und liebten andere ohne Furcht. Sie lebten für den Moment, wie es Kinder immer tun, es fiel ihnen leicht, an die Magie zu glauben und sie waren offen für alle Möglichkeiten. Sie erinnerten sich an ihre Verbindung zur Natur und untereinander. Doch als sie die verschobene Lebensweise, die jetzt normal war, kennenlernten, hörten die Kinder allmählich damit auf, an die Magie zu glauben und sahen die Welt als einen Ort des Wettbewerbs. Ihre Unschuld verschwand. Schließlich wurden sie wie die Erwachsenen und verloren die Freude und Unschuld der Kindheit.

Jedes Kind wurde dazu ermuntert, einen Beruf zu wählen, der der Familie Sicherheit und Status brachte. Die Erstgeborenen hatten die meisten Möglichkeiten. Oftmals wurden sie Ärzte, was als eine angesehene Position in der Gesellschaft galt. Da die Mittel begrenzt waren, die ihnen helfen konnten im Leben voranzukommen, hatten Kinder großer Familien weniger Möglichkeiten.

Etwa zu dieser Zeit wurde ein siebtes Kind, ein Junge, geboren. Wie jeder andere Junge liebte er es, zu lachen und zu spielen, aber irgendetwas war anders an ihm. Er hatte eine Tiefe und Gelassenheit in seinen Augen, die von uralter Weisheit sprach. Schönheit und Freude war alles, was er sah und das beeinflusste alles, was er tat. Er verarbeitete alles, was er sah und hörte, und machte es zu wunderschöner Musik, zu Worten und Tanz. Für ihn war das ein Leichtes, es lag in seiner Natur. Die Quelle, aus der alles Leben kam, war beeindruckt von seinem reinen Herzen und seiner Verbundenheit zur Wahrheit. Er WAR die Einheit, die vergessen wurde. Wenn er tanzte, wurde er zur Musik, wenn er sang, wurde er zum Lied.

Das, was des siebten Kindes Seele zum Ausdruck brachte, wurde weder beachtet, noch gewürdigt. Kunst in jeglicher Form galt in dem Land als überflüssig und nutzlos. Wozu sollten Musik und Tanz nützlich sein? Es brachte weder Essen auf den Tisch, noch erhöhte es das Ansehen der Familie. Man hoffte, der Junge würde bald eine sinnvollere Beschäftigung finden, mit der er seine Zeit verbrachte.

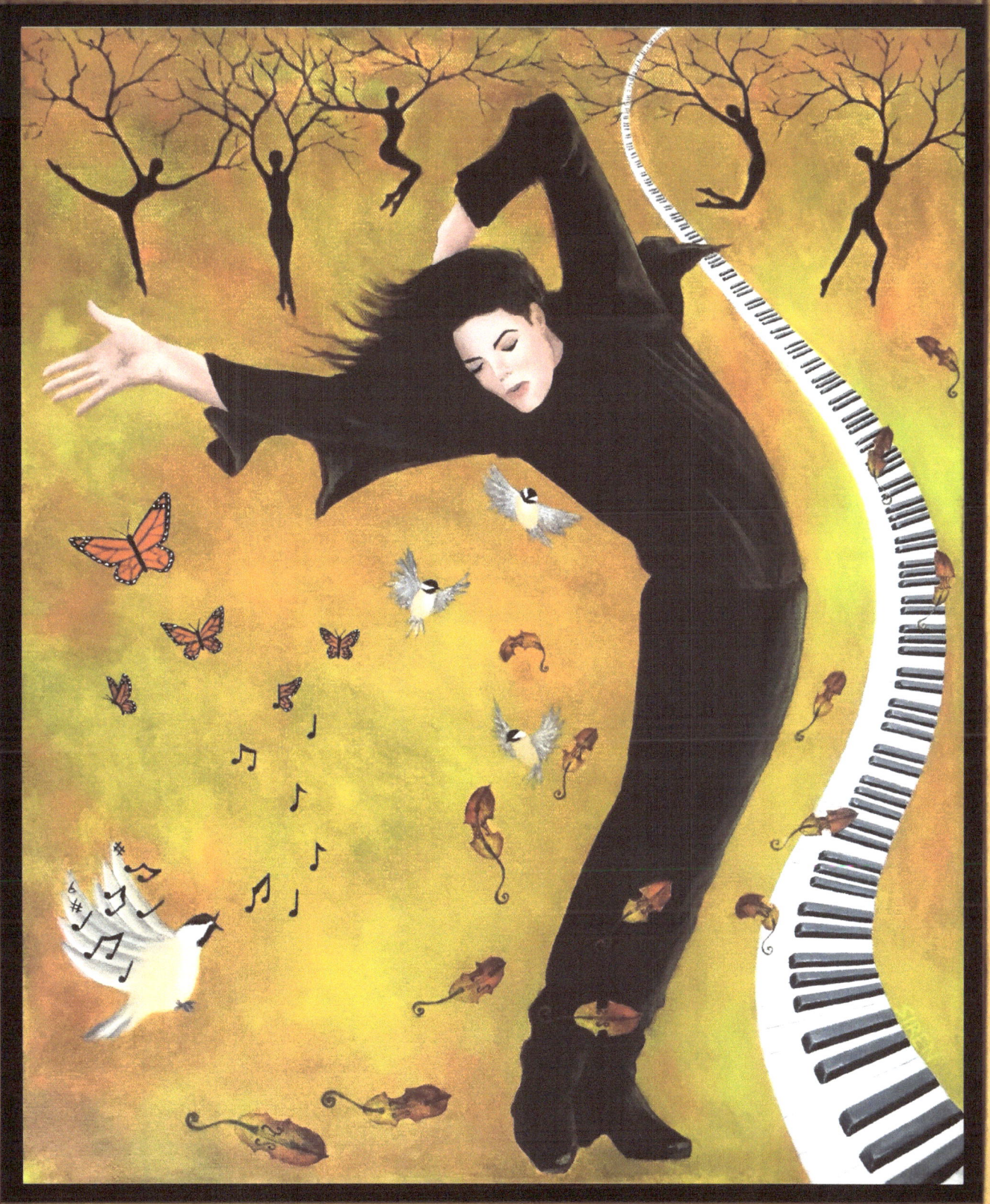

Musik des Lebens

Das siebte Kind kümmerte sich nicht um die Erwartungen anderer. Er hörte auf die Musik des Lebens. Seine Ideen und seine Kreativität waren grenzenlos. Er liebte es, seine Seele zum Ausdruck zu bringen und sein Talent mit anderen zu teilen. Sein Traum war es, durch die Magie und die Wunder, die er sah, die Harmonie und die Liebe in allen Geschöpfen wiederzuerwecken. Wenn die Menschen ihre Verbindung zu der Einheit des Lebens fühlten, könnte die Welt wieder ein Ort der Freiheit und Freude werden.

Seine Musik brachte Freude unter die Menschen, sie inspirierte sie, an sich selbst zu glauben. Seine Energie und Hingabe berührte die Menschen tief. Die Schönheit und Liebe, die er in jedem einzelnen sah, erlaubte es auch ihnen, sie zu sehen. Erwachsene erinnerten sich daran wie sie als Kinder waren. Kinder erkannten, dass es möglich war, ihre Träume zu verwirklichen. Die Menschen erinnerten sich an ihre Gemeinsamkeiten, anstatt die Unterschiede zu sehen. Schon bald wurde das siebte Kind im ganzen Land als Meister bekannt. Der Junge brachte Harmonie dorthin, wo immer er war. In seiner Gegenwart liebten sich die Menschen und vergaßen die Dinge, die sie zu trennen schienen.

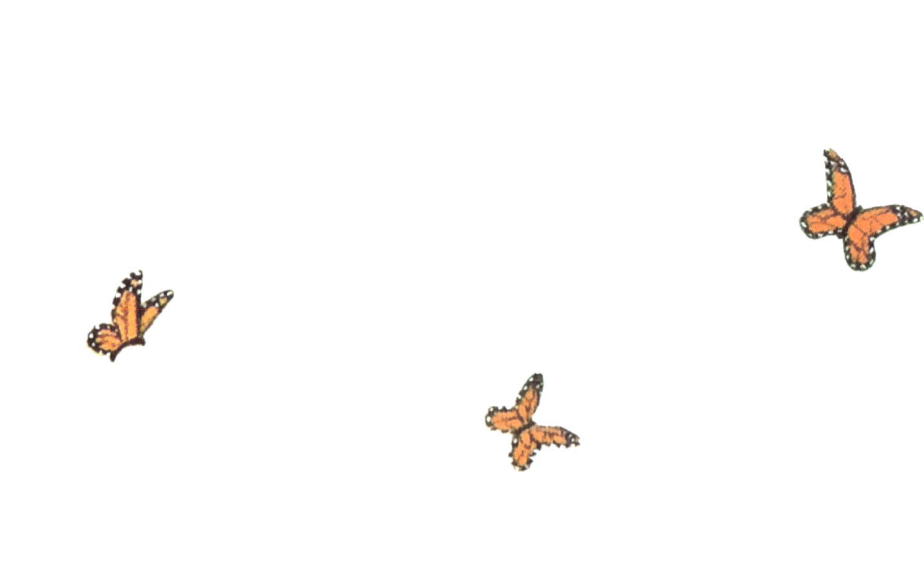

Dann gab es aber jene, denen es ein Dorn im Auge war, was der Meister tat. Das Lebensziel der Mächtigen war es sicherzustellen, dass jeder in seiner Gruppe blieb und tat, was von ihm erwartet wurde. Solange der Meister ein Kind war, beunruhigten sie seine unüblichen Ansichten nicht. Sie glaubten, wenn er größer wurde, würde er die magische Welt, an die er glaubte, hinter sich lassen. Aber als er erwachsen wurde, teilte er weiter seine Wunder und inspirierte die Menschen dazu, besser zu werden als sie es sich hätten vorstellen können. Anstatt die Kindheit hinter sich zu lassen, nahm er der die Kraft der Unschuld und das Vertrauen mit in das Erwachsenenalter. Alles an ihm war eine Demonstration von Güte, Verständnis und Liebe für alle.

Weil der Meister weiterhin seinen Glauben an Einheit und Schönheit bekundete, wurde er zum Problem für die Machthaber. Er konnte nicht länger nur einer Gruppe zugeordnet werden, eigentlich was es nicht einmal klar, zu welcher Gruppe er gehörte. Es sah aus, als könne er sich mit ALLEN Gruppen identifizieren, und diese sich mit ihm. Er ließ sich nicht einschränken oder festlegen. Er war die Verbindung zwischen allen. Er ermutigte die Menschen, an sich selbst zu glauben und Mitgefühl für andere zu haben.

Obwohl er das siebte Kind war, er wurde sehr erfolgreich, hatte viele Besitztümer, genoss Respekt und hatte Einfluss. All das veränderte jedoch nicht das Wesen des Meisters. Er blieb bescheiden und dankbar für die Anerkennung, die seine Lebensaufgabe erhielt. Er gab großzügig von allem was er besaß an die, die wenig hatten. Er sah keinen Grund an seinem Reichtum festzuhalten. Seine Großzügigkeit war beispiellos im Land. Die Anhänger des Meisters wurden immer zahlreicher und die Menschen begannen, ihr wahres Wesen und die Liebe füreinander zu erwecken.

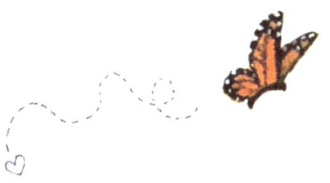

Die Mächtigen machten sich Sorgen um ihre Rolle als Anführer der Menschen. Durch seine unberechenbare Art konnte keiner sagen, was der Meister als nächstes tun würde. Wie er sich verhielt, war das genaue Gegenteil von allem, an dem die Machthaber arbeiteten, um es aufrechtzuerhalten. Sie fühlten sich bedroht durch diese mysteriöse Kraft, die sie weder kontrollieren, noch verstehen konnten. Es wurde ein Treffen einberufen, um zu diskutieren, wie man mit dem Meister umgehen sollte. Sie fingen an ihren Einfluss und Macht zu nutzen, um ihn in Misskredit zu bringen. „Seht ihn euch an", sagten sie den Leuten. „Er sieht nicht aus wie wir, er benimmt sich nicht wie wir, er denkt nicht wie wir. Er ist keiner von uns. Wer ist der Mann? Er ist so anders. Er ist ein Künstler. Er ist ein siebtes Kind! Ihm kann man nicht trauen."

Der Meister wusste von den Taten der Mächtigen, aber er stellte sie weder zur Rede, noch verteidigte er sich. Er war verbunden mit der tiefen Weisheit des Lebens. Er ließ sich nicht unterkriegen und zeigte beharrlich die Dinge auf, die der Menschheit Schaden zufügten, jedoch trotzdem allgemeine Akzeptanz fanden. Er wählte den kreativen Ausdruck seiner Musik, um den Kräften des Hasses, der Angst und des Misstrauens entgegenzutreten, die die Menschen davon abhielten, ihre Gemeinsamkeiten zu erkennen.

Als die Mächtigen sahen, dass der Meister nicht aufgab, arbeiteten sie nur noch mehr daran ihn zu stoppen. Sie fingen an, Gerüchte über ihn zu verbreiten. Sie erfanden Geschichten, die ihn als bizarr und verrückt erscheinen ließen. Die Leute, deren Seele durch den Meister berührt wurde, erkannten die Lügen, aber das Land war groß und es gab auch jene, die auf die Machthaber hörten und glaubten, was über den Meister gesagt wurde. Einige andere waren sich der Lügen bewusst, zogen aber vor, still zu bleiben, um nicht die Aufmerksamkeit auf sich selbst zu ziehen. Obwohl der Meister im ganzen Land geliebt wurde, wurde nichts getan, um die Mächtigen zu stoppen ihm zu schaden.

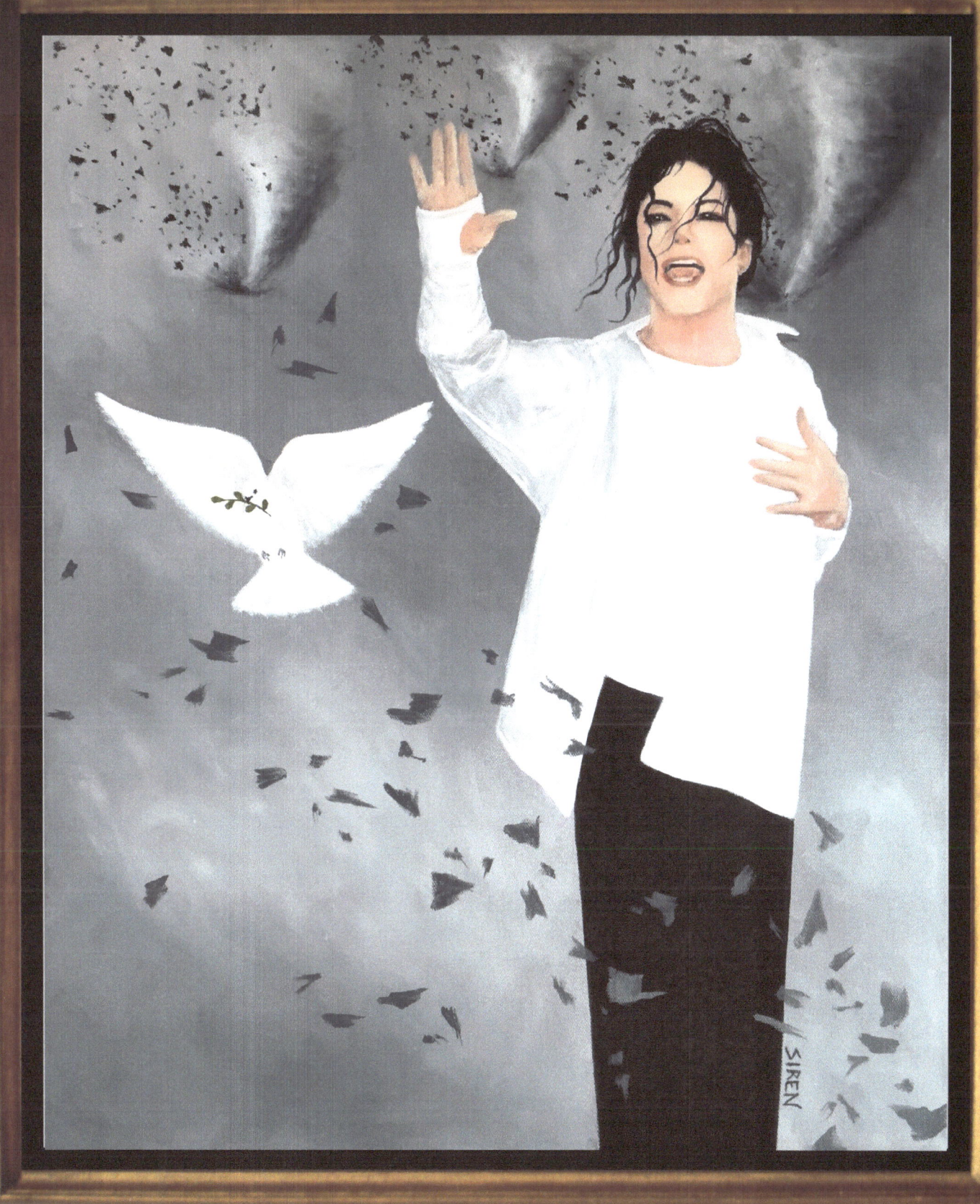

Kraft der Unschuld

Der Meister ließ sich von dem Chaos, das um ihn herum passierte, nicht beeinflussen. Er war die Freude, die er in allem sah. Das zu teilen, lebte er weiter sein Leben. Besonders liebte er es unter Kindern zu sein, denn sie waren wie er. Ihre natürlich Güte, Ehrlichkeit und Verspieltheit waren seine Inspiration und Hoffnung. Einige Leute dachten, er sollte sich vor den Angriffen der Mächtigen schützen indem er ihren Erwartungen entspräche. Er aber war da, um für die Wahrheit zu stehen, und weigerte sich, dies in irgendeiner Form zu ändern. Er blieb wie er immer war, einfach und ehrlich.

Als Nächstes versuchten die Mächtigen den Meister zu benutzen, um sich selbst reich und mächtig zu machen. Einige von ihnen nutzten seine Gutherzigkeit und sein Vertrauen aus, um in seine Nähe zu gelangen und seinen Besitz für ihre eigenen Bedürfnisse zu nutzen. Trotz allem, er blieb immer nachsichtig. Egal was sie ihm nahmen, er blieb immer er selbst, nichts konnte sein gütiges Wesen ändern.

Die Mächtigen hielten eine Krisensitzung. Sie mussten einen anderen Weg finden, die Menschen gegen den Meister aufzubringen. Sie verschworen sich gegen den Meister und beeinflussten ein Kind zu lügen, indem es sagte, der Meister hätte ihm weh getan. Auch wenn dies ganz offensichtlich eine grausame Lüge war, es traf den Meister tief. Genau das, was er am meisten liebte, wurde gegen ihn verwendet. Selbst in dieser für ihn sehr schmerzvollen Zeit, die Musik in ihm verstummte nie und er verbreitete weiter seine Botschaft der Liebe.

Das ärgerte die Mächtigen. Sie entschieden alles zu versuchen, um den Meister endgültig zu zerstören, ein und für alle Mal. Der Meister tat nichts, um sie zu stoppen. Liebe war die Grundlage seiner Musik, seines Tanzes und allem was er war. Er wusste, seine Stärke kam aus einer anderen Quelle. Bereitwillig die Dornen der Ignoranz und Angst zu ertragen und weiterhin Liebe zu schenken, war die Art, wie er seine Wahrheit demonstrierte.

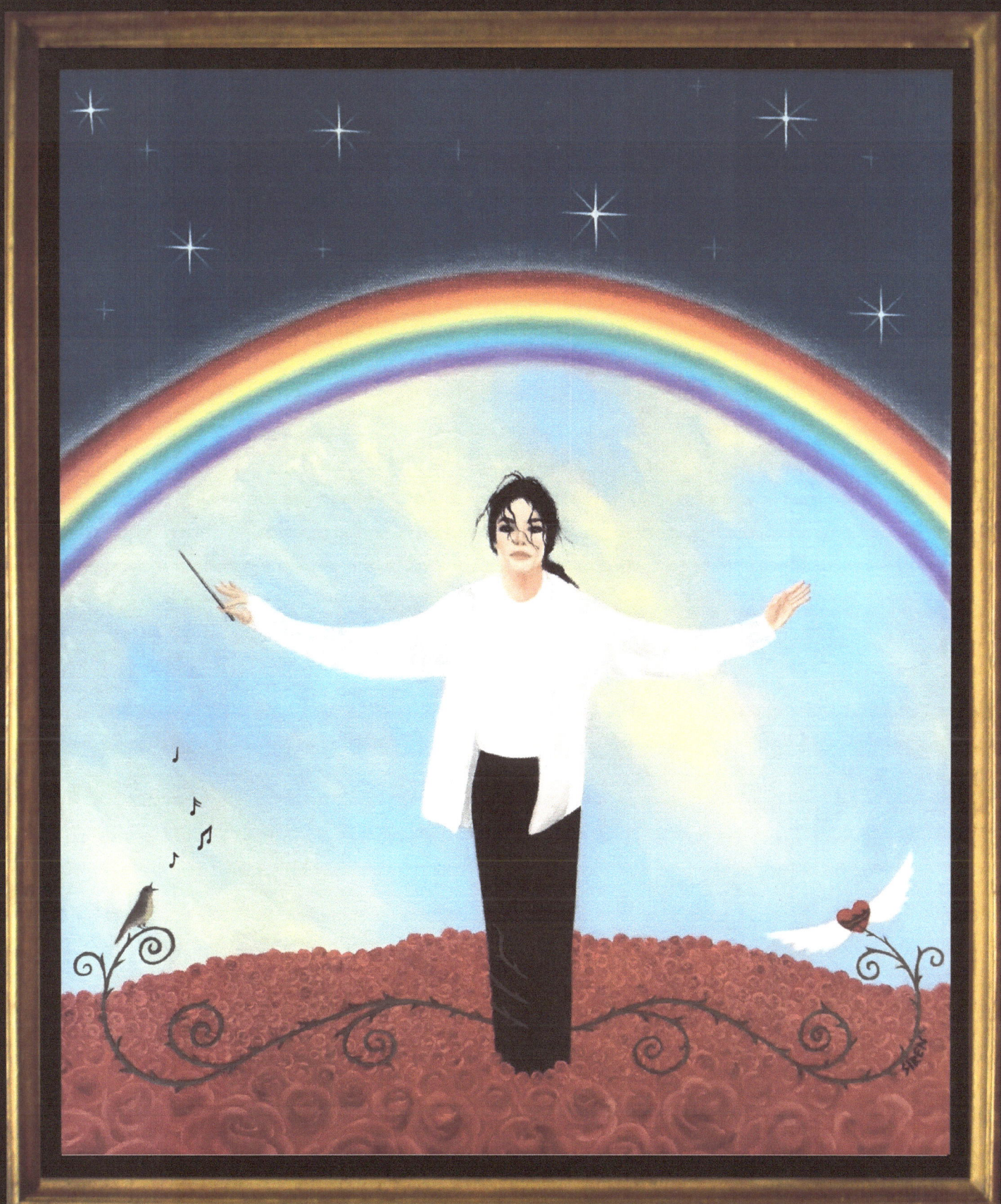

Geheimnisvolle Kraft

Der Meister widmete sein ganzes Leben der Welt. Er gab alles, was er zu geben hatte und machte es der Welt zum Geschenk. Irgendwann kam die Zeit, als er seine Augen ein letztes Mal schloss, um wieder mit der Melodie zu verschmelzen, in Form von reiner Liebe. Genau in diesem Augenblick verbreitete sich ein strahlendes Leuchten über dem Land. Überall entfachte es die Funken der Schöpfung in den Herzen der Menschen. Die Menschen betrachteten sich von nun an in einer anderen Art und Weise, sie verstanden nun, dass es keine Unterschiede zwischen ihnen gab. Das Wissen um die Einheit verdrängte die Gedanken der Einsamkeit. Inspiriert durch den Meister beschlossen sie, wieder zu ihrem wahren Selbst zu finden. Sie zeigten das durch ihre Kreativität und indem sie einander liebten wie er sie liebte. Bei vielen, die den Meister zu Lebzeiten nicht kannten, öffneten sich die Herzen und sie begannen, sich an die Einheit zu erinnern, die so lange vergessen war. Das Land war voll von Künstlern, Tänzern, Schriftstellern, Bäckern, Lehrern, Heilern und unendlich vielen anderen Ausdrucksformen der Seele. Der Tanz des Lebens, den der Meister ihnen gezeigt hatte, wurde ihre Wahrheit. Sie wurden wieder von seinen liebenden Armen gehalten.

Der Reichtum des Landes kam zurück. Die Schönheit, die alle Dinge umgab, wurde für die, die den Blick dafür hatten, wieder sichtbar. Der Meister hatte einen Fluss aus lebendigem Wasser erschaffen, er verbreitete seine Magie über das Land, brachte es zurück zu Frieden und Freude. Auch wenn er gegangen war, der Meister war näher als je zuvor, in jedem Herz wartet er darauf erkannt zu werden.

Des Meisters Traum geht weiter. Die Menschen tanzen mit ihm zu der Musik des Lebens und erwecken das Land erneut zum Leben, machen es zu einem magischen Land, viel näher als Du denkst.

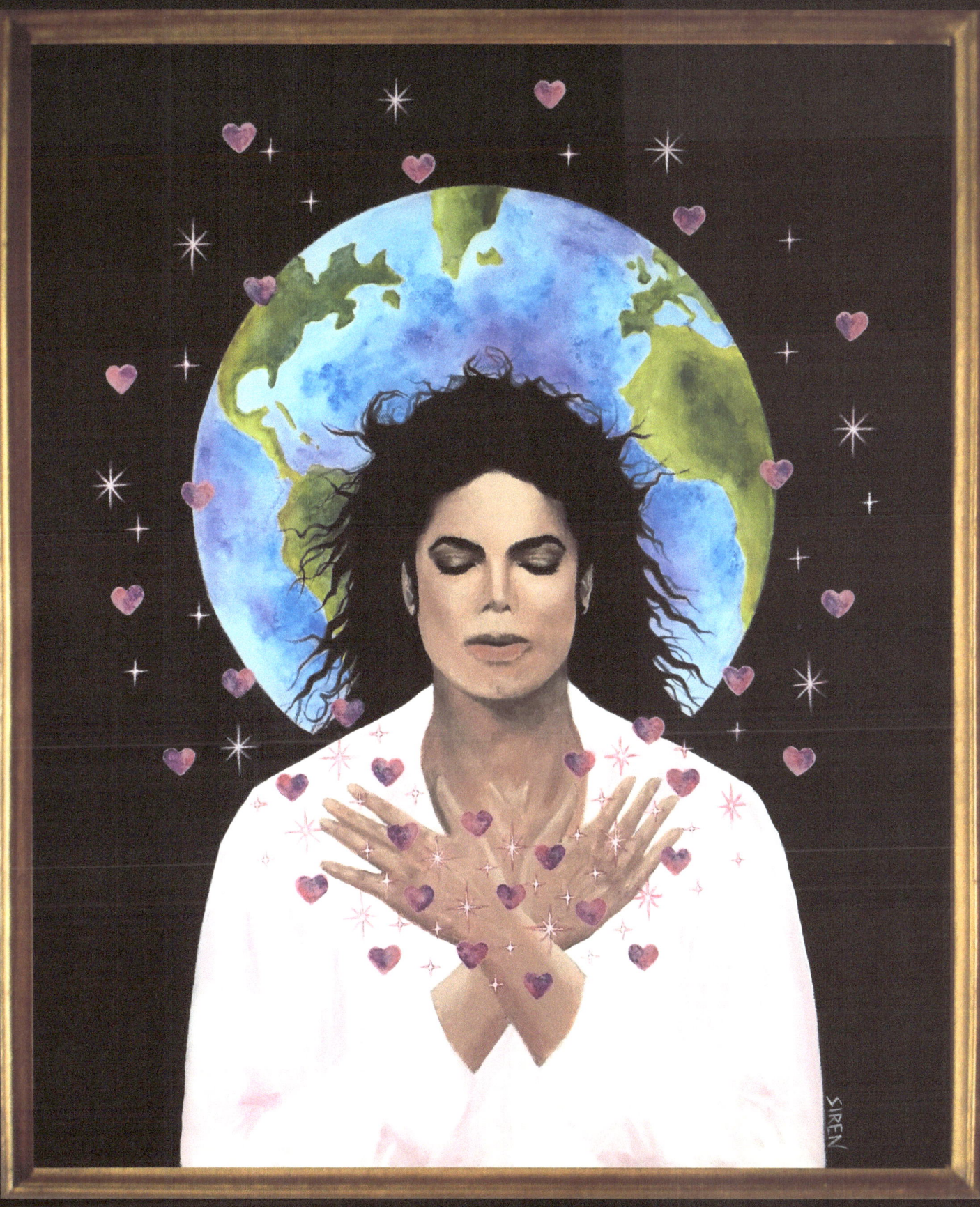

Zustand der Gnade

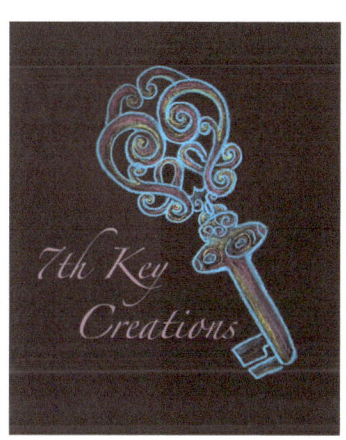

7thKeyCreations@gmail.com